춘식이와 나의
사계절

김채영 에세이

춘식이와 나의 사계절

초판 인쇄 | 2025년 09월 26일
초판 발행 | 2025년 10월 01일

지은이 | 김채영
펴낸이 | 이종덕
펴낸곳 | 도서출판 문화플랫폼 봄아
인쇄처 | 일문사

강원도 강릉시 단오장길 22번길 5-2
문화플랫폼 봄아
bomasociety@naver.com

ISBN 979-11-977589-5-9

저자나 본사의 허락 없이는 어떠한 형태나 수단으로도
이 책 내용의 일부 또는 전부의 무단 전재와 무단 복제를 금합니다.

목차

작가의 말

프롤로그
― 고양이 한 계절이 내 안으로 살며시 물들어 왔다 _ 9

Chapter 1. 춘식이와 함께 한 첫 계절, 농막에 자리를 잡다! _ 19

Chapter 2. 특별했던 가을의 시간 _ 27

Chapter 3. 겨울을 기다리며 _ 33

Chapter 4. 겨울, 그 조용한 동행 _ 35

Chapter 5. 봄, 다시 피어나는 마음 _ 39

Chapter 6. 싸움을 싫어하는 싸움꾼 _ 50

Chapter 7. 여름, 멀어졌다가 다시 돌아온 시간_ 54

Chapter 8. 이웃 농막으로 마실 가는 아이 _ 65

여름의 외전
　― 진경이와 마늘밭의 전쟁 _ 70

Chapter 9.　고요한 낮잠, 폭염 속 숨결 _ 77

Chapter 10.　서아와 춘식이 _ 82

Chapter 11.　다시 닥쳐온 시련, 산 짐승에게 공격 당하다!_ 86

Chapter 12.　가을, 다시 나란히 걷는 시간 _ 88

Chapter 13.　우리가 함께 만든 계절들 _ 92

Chapter 14.　함께 머무는 여름 _ 96

에필로그
　― 계절이 다녀간 자리, 고양이라는 이름으로 _ 103

작가의 말

춘식이를 처음 만난 날, 나는 한 생명을 온전히 믿는다는 것이 얼마나 조용하고도 뜨거운 감정인지 새삼 알게 되었다. 아깽이의 울음으로 시작된 그 가을, 나는 자연 속에서 다시 살아가는 법을 배우고 있었다.

농막이라는 작은 공간, 계절이라는 느린 흐름, 그 안에서 춘식이와 나눈 눈빛 하나하나가 마음속 깊은 풍경이 되었다. 때로는 상처도 있었고, 이별 같은 순간도 있었지만, 매번 그 아이는 나를 기다려 주었다. 그 기다림이, 이 기록의 출발이다.

『춘식이와 나의 사계절』은 고양이와 함께한 시간 그 이상의 이야기이다. 외로움과 온기, 침묵과 응답, 삶이 천천히 회복되어 가는 모든 감정의 기록이다. 이 책이 누군가에게도 작고 따뜻한 계절 한 조각이 되길 바라며.

2025년 늦여름
하늘아래 첫동네 태백에서
김채영

프롤로그

고양이 한 계절이

　　　　　내 안으로

　　　　　　　살며시 물들어 왔다.

초가을,

기차역에 낯선 울음이 도착했다.

이동 가방 안, 그물 창 너머 작고 마른 몸집의 야깽이 한 마리.
내내 울던 아이는 플랫폼에 이르러서야 잠잠해졌다.

아들은 객실에서 나와 아이를 어깨 위에 올려두고 서서 왔다고 했다.

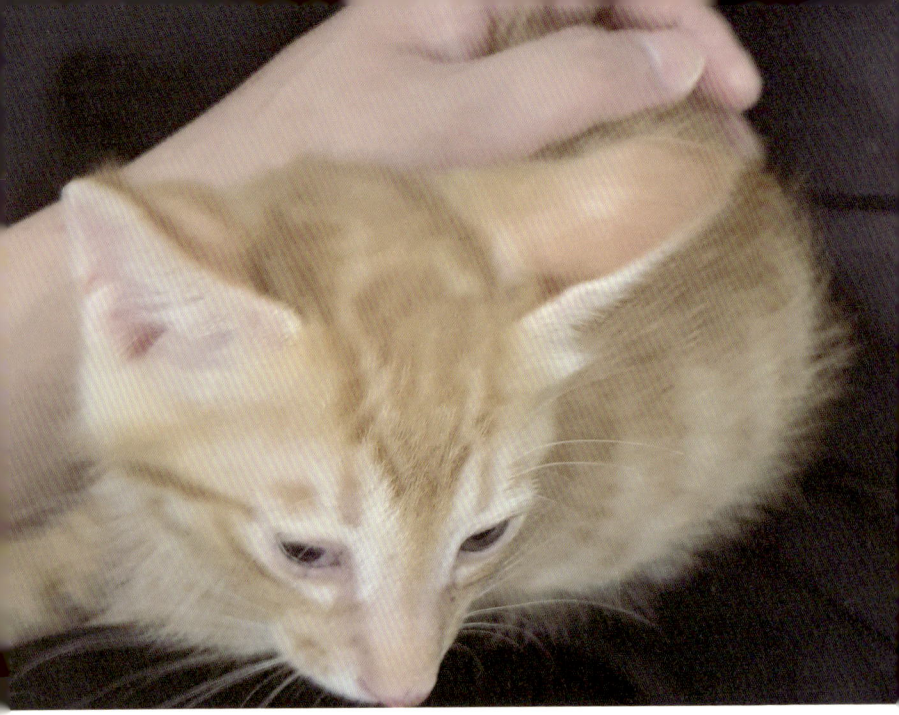

　눈꺼풀이 눈동자를 덮은 채 태어나 어미에게 버려진 새 생명, 세 마리 중 한 마리를 아들이 3개월 동안 우유로 길렀다.
　그 이야기를 들었을 때, 나는 '안아줘야지'하는 다짐보다 '기다려 줘야지'하는 마음이 먼저 들었다.

　새 생명에게 필요한 건
　온전히 품을 마음이라는걸,
　오래전부터 알고 있었는지도 모른다.

　나는 그 장면을 그 계절처럼 선명히 기억하고 있다.

춘식이는

그렇게 내게 쓱 왔다.

더위가 물러가기 시작하던 가을의 초입,

우리가 춘식이라는 이름을 지었듯이

아들의 손에서 젖병을 야무지게 물던 아이는

농막 곁 좁은 문 앞에 스스로 자리를 만들었다.

나는 맞춰진 괘종시계처럼

하루 세 번
그 문을 열었다.

밥을 주고 천천히 돌아서면
춘식이는 애처로운 눈빛으로 날 바라보았다.
호기심 많은 나이이기에 나를 따라나서고 싶어서였으리라.

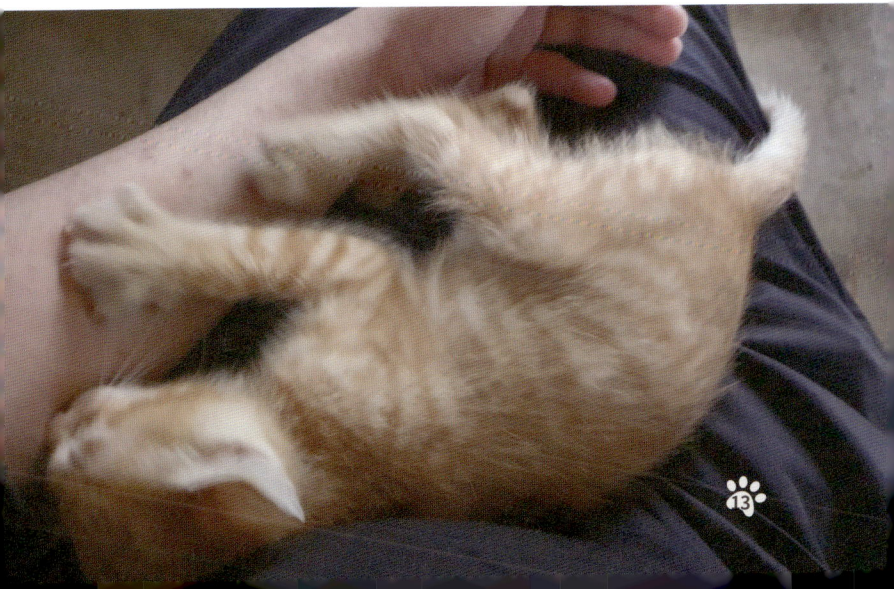

품에 안겨 꾹꾹이 하던 작은 두 발,

어깨 위에 앉아 고요히 텃밭을 바라보던 무게.

그 아이는 어느새 마음 한 자락을 차지했고,

나는 춘식이를 기다리는 사람이 되어 있었다.

겨울이 왔다.
농막 창밖으로 눈보라 치는 날,
춘식이를 두고 돌아오면 마음이 저렸다.

낮게 깔린 하늘과 얼어붙은 들판 위에서
작은 생명이 홀로 숨 쉬고 있다는 사실이 안타까웠다.

그러나 함께 그 계절을 건넌 뒤 알게 되었다.

춘식이는 고양이가 아니라,
구름이 흘러가듯이 하나의 계절이었다는 것을.

그렇게 우리는 겨울을 견뎌냈고
어떻게든 다시 봄이 왔다.

밖으로 나가고 싶어 비닐을 뚫던 작은 고양이,

여린 아깽이의 얼굴은 어느새 사라지고
여유가 묻어나는, 세상과 조금 더 친숙해진 춘식이가 있었다.

이 책은 춘식이와 함께 보낸 사계절의 기록이다.

농막이라는 작은 무대에서 펼쳐진 고요한 연극,

말 없는 아기와 눈으로 나눈 깊은 교감,
그리고 느린 시간이 남긴 발자국들.

춘식이는 우리 고양이이기 이전에,
내가 살아갈 수 있도록 해준 하나의 계절이었다.

Chapter 1.

춘식이와 함께 한 첫 계절,
농막에 자리를 잡다!

아들에게서 춘식이를 넘겨받아 품에 안자,
작고 앙증맞은 가슴의 심장 소리가 내 팔뚝을 두드렸다.
보드랍고도 여린 맥박, 팔 안의 작은 생명,
그 생명의 온도가 내 마음에 가만히 스며들었다.

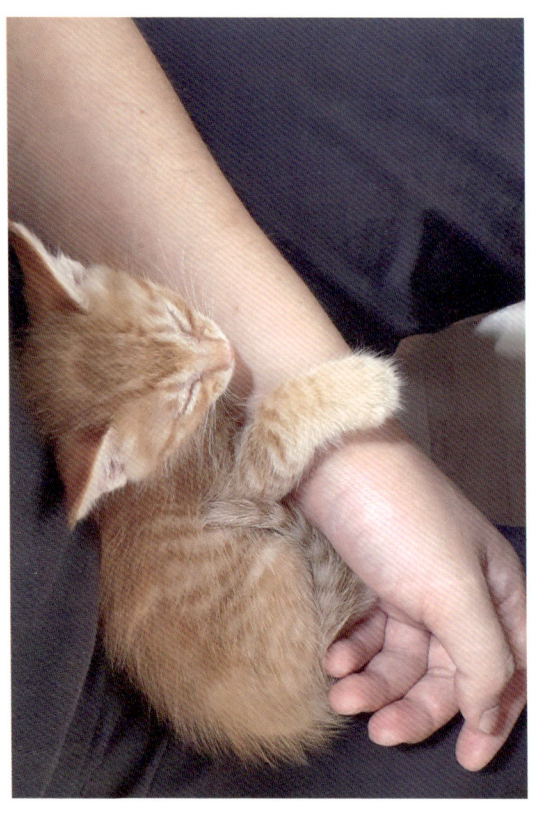

이슬이 채 마르지 않은 이른 아침이었다.
나는 처음으로 고양이를 내 공간으로 들이는 일에
조심스럽고 두려운 마음이 들었다.

농막은 투명 유리창을 붙인 간이 공간이다.
낯선 곳에서 춘식이는 방석 위에 놓여 조용히 주변을 살폈다.
처음으로 바닥에 내려선 발걸음이 낯설고 서툴다.

"춘식아! 여기가 이제 네 집이야."

말을 건넸지만, 춘식이는 작고 조심스러운 걸음으로,

농막 구석구석을 탐색했다.
내가 바라보는 곳마다 춘식이의 움직임이 있었다.
그 공간이 춘식이에게 어떤 의미일지 알 수 없었다.

며칠이 지나자,
사료와 통조림 캔, 따뜻한 손길에 점차 마음을 연 춘식이.
어느 날 내 무릎 위에 올라와 꾹꾹이를 하고,
아주 자그만 혀로 내 팔을 핥았다.
작은 혀의 까끌까끌하지만 귀여운 몸짓이
내 귓전에 조금씩 종소리를 울리는 것 같았다.
그 작고 귀여운 움직임이 어느덧 내 마음을 파고들었다.

텃밭 옆 작은 공간에서 시작된 우리는 하루 세 번,
꼬박꼬박 밥을 나누는 것으로 마음의 사다리를 이어갔다.

 가끔 삶은 닭가슴살을 잘게 잘라주면 머리를 흔들며 먹는 모습이 마치 육식동물의 고기 뜯는 동작인 듯도 하고, 사료를 씹을 때 '아드득' 소리와 함께 코 주변에 주름이 잡히는 모습도 귀여웠다. 두부 모래에 올라가 앞발로 자리를 내고 돌아서서 용변을 볼 때의 근엄한 표정, 자신의 배설물을 덮어두는 동작 하나하나가 신기하고 경이로웠다. 가르쳐 주지 않아도 하는 본능적인 행동들을 보며 생명의 신비가 새삼스러웠다. 내가 문을 닫고 나올 때면 그 작고 동그란 눈동자는 애처롭게 나를 따라왔다. 문을 닫고 돌아설 때마다 나는 생각했다.

'이 아이는 정말 밖으로 나가고 싶은 걸까?
아니면 그저 내가 다시 들어와 주길 바라는 걸까?'

며칠이 지나자 춘식이는
내 품이 안전한 곳이라는 걸 알게 된 듯했다.
아무런 신호 없이도 내 무릎 위로 올라와 편안하게 자리를
잡고 하품을 하고, 졸기도 했다.

나는 품속의 춘식이를 쓰다듬으며 생각했다.
'이제 우리가 함께 살아가는 일이 시작된 거구나.'
이 작은 존재와의 만남이,
나를 조금씩 바꾸고 있다는 것을 그때는 알지 못했다.

Chapter 2.

특별했던
가을의 시간

텃밭에서 열무를 다듬고,
고추를 햇볕에 널어 말리는 가을,
나는 춘식이와 함께 한 해를 갈무리하는 시간으로 많은 시간을 보냈다.

어깨 위에 올라붙은 작은 고양이는,
원숭이처럼, 혹은 친구처럼 내 곁에 머물렀다.

어깨 위의 계절

그 작은 몸이

내 어깨에 앉아

계절을 견뎌냈다

나는 언제부터인가

그 무게를 기억하고 있었다.

 함께 마당을 거닐고 햇살 좋은 곳에서 차를 마시거나, 책을 읽을 때, 준식이는 창가에 앉아 앞발을 몸속에 말아 넣는 식빵 자세로 앉아 나를 바라보았다.

정지된 화면처럼 무념한 그 표정에서 나는 평화를 읽었다.
우리는 말없이 하루를 나누고,
고요한 정서로 서로를 닮아갔다.

Chapter 3.

겨울을
기다리며

농막 주변 낙엽이 붉게 물들며 우리는 겨울을 준비했다. 작은 난로와 담요, 따뜻한 물그릇, 춘식이는 난로 옆에 자리를 잡고 만족스럽게 앉았다. 나는 이 작은 생명과 함께하는 한나절을 점점 더 소중히 여기게 되었다.

Chapter 4.

겨울,
그 조용한 동행

초겨울, 어느 날이었다. 하늘은 낮게 깔리고 흐린 날, 많은 눈이 예보되어 있던 오후였다. 라디오에서는 올드팝이 흐르고 있었다.

난로 옆에서 느긋하게 몸을 길게 누이고 졸던 춘식이를 보며, 문득 어릴 적 우리 집 고양이를 떠올렸다. 부뚜막에 올라와 졸던 고양이, 툇마루, 햇빛이 머무는 자리에 가만히 앉아 있던 그 모습이 기억 깊은 곳에서 떠올랐다. 기시감, 그 기억 위에 지금의 이 풍경들이 겹쳐 보인다는 것이 신기했다.

내게 돌아온 듯한 어떤 시간, 어쩌면 내가 다시 품고 있는, 지나가 버렸다고 믿었던 마음 하나.

농막은 얼었고, 바람은 날카로웠다. 춘식이는 움직임을 줄이고 난로 앞에 머물렀다.
우리는 함께 창밖을 바라보며, 말없이 그렇게 한 계절을 또 건넜다.
무쇠 난로 위에는 느릿느릿 게으른 하품처럼 물이 끓고 있었다.

눈보라 치는 어느 날 문을 닫고 돌아서는 순간 춘식이의 눈빛이 내 발목을 잡는 것 같았다. 꿈자리가 뒤숭숭한 겨울밤이 지나갔다.
다음 날 이른 아침 농막 문 앞, 농막을 감싼 두꺼운 비닐을 뚫고 밖으로 나온 춘식이는 정물처럼 앉아 있다. 눈 위에 찍힌 작고 어지러운 발자국들이 나를 향한 길처럼 남아있었다. 아렸다.

Chapter 5.

봄,
다시 피어나는 마음

춘식이가 내게 온 이듬 해 2월 두 가지 수술을 받았다. 중성화 수술과 함께 태어날 때부터 덮여 있던 눈꺼풀을 걷어 올리는 수술이었다. 마취에서 깨어난 춘식이는 두려운 눈빛으로 나를 바라보았다. 그 눈빛이 내 가슴에 아로새겨졌다. 집으로 돌아와 농막에 들어오자, 그 눈동자에는 이전보다 훨씬 야무진 빛이 담겨 있었고, 나는 그 눈빛에서 작지만, 단단한 생의 의지를 느꼈다.

그해 봄, 춘식이는 기어이 비닐을 뚫고 탈출을 시도했다. 매일 갇힌 문 앞에서 망설이던 그 아이는 어느 날 아침, 스스로 농막 밖 세상으로 나아가려 했다. 나는 놀랐지만, 그 안에 담긴 성장의 몸짓을 외면할 수 없었다. 밖은 여전히 춥고 위험했지만, 춘식이는 더 이상 아깽이가 아니었다. 그 작고 여린 몸 안에 숨은 야성은, 계절의 문을 스스로 열고 있었다.

텃밭에는 초록이 피어나고, 나는 다시 그곳에서 텃밭을 일구기 시작했다. 춘식이는 어느새 나보다 먼저 텃밭을 어슬렁거렸고, 햇살 좋은 곳에 앉아 흙냄새를 맡으며 바람을 맞이했다.

하루는 내가 호미질하는 사이, 춘식이가 다가와 앞발을 내 발등 위에 포갰다. 무심히 이어지던 움직임 속에, 작고 따뜻한 교감이 이어졌다.

그림자

작은 그림자 하나
나를 따라오다
텃밭 고랑을 지나
나를 앞질러 걷더니
어느새 내가
그를 따라가고 있었다

— 봄날 오후, 흙냄새 속에서 춘식이의 뒤를 밟던 순간

춘식이는 더 이상 품 안의 고양이가 아니었다. 세상과 나 사이, 그 중심에서 나란히 서 있는 존재가 되어 있었다.
 봄은 그렇게, 우리 둘 사이의 거리를 조금씩 넓혀주었고, 또 다른 방식으로 이어주는 계절이 되었다. 우리는 서로의 심정적 독립을 인정하면서도, 결국 다시 돌아올 자리를 알고 있었다. 어쩌면 그 믿음이, 우리의 봄을 더욱 단단하게 만들었다.

너는 나의 밤

바람 부는 겨울밤

너는 창밖에서

나는 창 안에서

서로를 바라본 채

잠들지 못한 밤을 건넜다.

— 춘식이와 나의 겨울, 그 창 너머

너의 그 간절한 **눈빛**에

겨울이 녹아내렸다.

Chapter 6.

싸움을 싫어하는
싸움꾼

춘식이는 중성화 수술을 받은 고양이다. 발정기 특유의 울음소리도 없고, 영역을 지키기 위한 싸움에도 관심이 없다. 그런데도 여름만 되면 어쩐지 종종 싸움의 상처를 달고 돌아오곤 했다.

동네엔 여전히 서열 다툼을 겪는 수컷 고양이들이 많았다. 유순하고 사람을 좋아하는 춘식이의 성격은 그런 야생의 법칙 안에선 오히려 약점이었다. 그 여름에도, 왼쪽 귀 끝이 찢어진 채 돌아왔던 날이 있었다.

그런 상처를 보며 나는 마음이 쓰렸다. 하지만 동시에 춘식이는 싸우기를 원치 않는 싸움꾼이었다. 공격을 받아도 웅크리고 피하는 쪽이었고, 다른 고양이들에게 등을 보이는 순간에도 그 눈빛은. '나는 싸우고 싶지 않아.'라고 말하는 것 같았다.

그의 생태는 야생의 법칙과는 조금 다른 쪽에 속했다.
인간 곁에서 살아가는 길을 택한 존재. 농막 생활은 그런 춘식이에게 종종 가혹했지만, 그 고요한 눈빛 하나로 나는 살아 있는 생명과 공존하는 법을 배워갔다.

Chapter 7.

여름,
멀어졌다가 다시 돌아온 시간

여름 무렵, 춘식이는 농막을 나가 일주일 동안 돌아오지 않았다. 비라도 오는 날이면, 어딘가에서 비를 맞고 있지는 않을까? 상처가 나서 영영 숨어버리는 건 아닐까? 혹시 찻길로 뛰어들어 잘못된 건 아닐까? 상상만으로도 마음이 저려와 매일 아침 농막 문을 열며, 혹시나 춘식이가 돌아왔을까 주변을 살폈다.

춘식이가 사라진 날

창밖에 비가 내리고
너의 흔적마저 젖어가던 날들
텅 빈 고랑 위를
끝내 혼자 걸었던 나는
비보다 먼저 울고 있었다.

— 그 여름, 네가 없던 일주일

텃밭 가장자리, 이웃 농막, 골짜기 아래까지 발이 닿는 곳을 헤맸다. 춘식이가 영영 안 오면 어쩌나, 생각하다 눈물이 났다. 그렇게 마음졸이던 기나긴 시간이 지나 일곱 번째 되던 날, 해 질 무렵, 다리 건너편 산을 향해 춘식이를 불렀다. 그랬더니 저 언덕 너머에서 어렴풋이 들려온 '야아옹' 소리. 분명 춘식이 울음소리였다.

개울과 언덕 사이 찻길로 버스 한 대가 지니지, 내 목소리를 듣고 내려오던 춘식이는 놀라 다시 언덕 위로 올라갔다. 그러다가는 다시 내려와, 천천히 내 앞에 모습을 드러냈다. 왈칵 눈물이 났다.

그렇게 춘식이 실종 사건은 마무리되었고, 나는 이후로 농막 문을 잠그지 않게 되었다. 생명은 그렇게 연약하면서도 때로 단단한 자기만의 방식으로 내게 다가왔다. 춘식이는 다시 평화를 찾게 되었다. 그리고 어느 날. 정말 아무렇지 않게 내 옆에 슬며시 누웠다. 그 여름은 춘식이와 내가 서로를 다시 확인한 계절이었다. 서로의 거리감 속에서도, 하나의 풍경 속에 함께 있다는 것을.

 사라진 일주일이 있었기에 돌아온 하루하루가 더 귀해졌다. 상처는 아물었고, 춘식이의 눈빛도 다시 깊어졌다. 예전보다 조금 더 조용하고, 조금 더 성숙해진 모습으로 계절은 깊어졌다.

그리고 얼마의 시절이 지난 후, 춘식이는 내 곁에서 조금 더 멀어졌다. 몸은 가까웠지만, 마음은 자주 바깥을 향하고 있었다. 실종 이후 농막 문은 더 이상 닫히지 않았지만, 춘식이는 저녁이면 나가고, 아침이면 돌아오기를 반복했다. 그 자유와 일탈의 시간 사이, 나는 처음으로 춘식이를 완전히 믿어보기로 했다.

갇히지 않아야 돌아온다는 걸,

떠나보내야 함께할 수 있다는 것을,

그 아이가 나보다 먼저 알고 있었는지도 모른다.

돌아온 발자국

울타리 너머
흙 묻은 발자국이
다시 나를 향해 다가왔다

너였구나

돌아온 계절이.

— 실종 이후, 첫 눈 맞춤의 순간

텃밭은 온통 초록으로 무성했고
나는 흙을 만지며 땀을 흘렸다.
춘식이는 그늘진 고랑 위에 앉아 나를 바라보곤 했다.
어느 날은 내 곁에 옆으로 길게 누워 자고,
어느 날은 내 발끝에 턱을 얹고 졸았다.

Chapter 8.

이웃 농막으로 마실 가는 아이
— 개냥이 춘식이의 마을 탐방기

날씨가 따뜻해지고 농번기가 시작되면 농막 주변은 시끌시끌하다.

덩달아 신이 난 춘식이도 농막 근처 들판으로 자주 산책을 가곤 한다.

하교 후 돌아온 초등학생에서부터 고등학생 누나들까지, 춘식이는 이제, 동네 '핵인싸'가 되었다. 사람들을 보면, 피하지 않고 손길에 몸을 맡기는 춘식이는 덕분에 간식도 많이 얻어먹는다.

여름이 되면 농막 주변의 자연은 더 활기를 띤다. 농막 앞엔 들꽃들과 오래전 심은 백합이 흐드러지게 피어난다. 이웃의 농막들도 더위를 피해, 종종 삼겹살 파티가 열리고, 밭일하던 손길을 놓고 막걸리로 목을 축이는 일이 잦아진다.

더러는 그늘에서 쉬기도 하지만, 내가 없을 때는 이웃 농막으로 마실을 가기도 한다. 마을 순찰을 하고 난 춘식이는, 텃밭의 옥수수 밭고랑이나 소나무 그늘이 있는 시원한 원두막으로, 그리고 바람이 잘 통하는 언덕 위 평상 아래까지 시원한 장소를 찾아 쉬고 있다.

동네 사람들은 이제 춘식이를 다 안다.
"얘는 사람 말을 다 알아듣는 것 같아."

그런 말을 들을 때면 괜스레 내가 칭찬받는 듯해 기분이 좋아진다.

마을 곳곳에서 춘식이가 쉬거나 장난치는 모습을 볼 때, 아이는 이 작은 마을의 일원이 된 듯한 느낌이 든다. 고양이 한 마리가 사람과 자연 사이를 잇는 존재가 되어, 여름의 한 장면을 정겹게 채워주고 있었다.

여름의 외전
― 진경이와 마늘밭의 전쟁

춘식이에게는 한때 마음을 나누던 친구가 있었다.
이웃 언니네 고양이, 진경이.
수컷과 암컷, 서로에게 마음이 있었던 걸까?

중성화 수술 전, 두 아이는 난로 옆에서 장난을 치거나 텃밭 근처에 나란히 앉아 햇살을 즐기곤 했다.

마늘의 초록 순이 무성해지고, 수확을 앞두던 어느 날, 사건이 벌어졌다.
춘식이와 진경이가 함께 마늘밭에 뛰어들어 밭을 엉망으로 만들었던 것.
급기야 일부 주민들 사이에서는 '철망이라도 설치해야 하는 것 아니야'하는 말까지 나왔다.

철망앞에서

어디에 가둬야 하는 건지
철망은 고양이보다
사람의 마음을 막았다
마늘밭은 다시 피었지만
아이들 발자국은 사라졌다.

그날 밤, 나는 조용히 춘식이의 등을 쓰다듬었다.

"넌 그저 뛰고 싶었을 거야. 진경이와 함께여서, 더 즐거웠던 거겠지."

이웃과 고양이 사이, 풀리지 못한 감정 하나가 여름의 끝자락 어딘가에 조용히 머물러 있었다. 진경이 집사는 우리가 집을 비울 때마다 춘식이 밥을 챙겨주던 고마운 이웃 언니였다. 춘식이도 유독 그 언니를 잘 따랐고, 나는 장난 반 진심 반으로 언니를 '춘식이 큰엄마'라 부르기도 했다.그러나 중성화 수술 이후, 춘식이는 눈에 띄게 체중이 불었고 '뚱식이'라는 별명까지 얻었다.

그 무렵부터 진경이만 보면 먼저 등을 세우고 으르렁대는 일이 잦아졌다. 예전처럼 다정한 모습으로 함께 있지 못하는 것이 못내 아쉬웠고, 그럴 때면 진경이에게 괜스레 미안한 마음이 들었다. 요즘의 진경이는 춘식이만 보면 몸을 피하거나 서둘러 숨어버리기 일쑤다.

다시 예전처럼 마당 한 켠에 나란히 앉은 모습을 볼 수 없다는 게 아쉽지만, 그 아이들이 함께 나눈 한때의 햇살은 오래도록 내 마음에 남아있다.

폭염이 극에 달하는 한낮이면, 사람도 동물도 그저 '멈추는 것' 외엔 할 수 있는 일이 없어진다. 그럴 때 춘식이는 언제나 가장 시원한 자리를 알아챘다.

나무 그늘 아래, 펼쳐놓은 평상 위, 바람이 드나드는 원두막, 혹은 내 곁에, 춘식이는 마치 기도를 올리듯 조용히 몸을 말고 잠들었다. 숨결은 느리게, 아주 깊고 길게 이어졌다.

한여름의 햇살은 따갑고 강렬하지만, 춘식이의 잠든 얼굴 위로 떨어지는 그 빛은 유난히 부드러워 보였다. 아무것도 하지 않아도 되는 평화, 그 고요한 여름 낮잠이 내게도 위안이 되었다.

그 계절이 아니면 느낄 수 없는 것들. 뜨겁고 나른하지만, 고요하고 생명력 가득한 여름의 낮잠 속에서, 춘식이와 나는, 말없이 온전히 함께였다.

Chapter 10.

서아와
춘식이

세 살 되던 해, 서아와 춘식이가 처음 만난 날, 서아의 얼굴에서 설렘을 읽었다. 서울에서 외가에 내려온 서아를 조심스레 농막으로 데려갔다. 춘식이는 낯선 아이를 피하지 않았다.

서아는 츄르를 내밀었고, 춘식이는 조용히 그 마음을 받아들였다. 이제 서아는 외가에 오면 춘식이를 제일 먼저 찾는다. 작은 손길을 거부하지 않았고 '갸릉갸릉' 소리를 내며, 옆으로 누워 배를 보였다.

사랑은 그렇게 말보다 먼저 전해진다. 춘식이는 나의 고양이였지만, 이제 서아의 고양이이기도 하다.

서툰 손끝에서
츄르 한 개가 건너갔다
그 부드러운 털 위로
처음 만나는 마음이 내려앉고
"뚠띠가, 안뇽?"
그 말에 계절 하나가 활짝 웃었다

― 사진: 외갓집 마당, 춘식이와 서아의 첫 인사

서아의 손, 춘식이의 몸

작은 손이 다가와
너를 쓰다듬었을 때
나는 알았다
이 따뜻함이
기억 속에서 피어나리란 걸

Chapter 11.

다시 닥쳐온 시련,
산 짐승에게 공격당하다!

어느 날 아침, 평소처럼 농막 근처에서 아침을 기다리던 춘식이가 보이지 않았다. 처음엔 그저 마을 어귀까지 나들이라도 간 줄 알았지만, 날이 저물도록 돌아오지 않았다. 걱정은 불안으로, 불안은 공포로 바뀌어 갔다.

이틀이 지나도 돌아오지 않자, 다시 폐건물을 찾아갔다. 첫날 춘식이를 불렀으나 대답 없이 돌아왔던 곳이다. 건축자재 생활폐기물로 이리저리 어지럽혀진 곳을 헤치고 들어가서 구석구석 춘식이를 찾아보았다. 거짓말처럼 힘없는 울음소리가 들리는 게 아닌가? 춘식이의 모습은 참혹했다. 뒷다리 쪽에 짐승이 물은 듯한 깊은 상처는 육안으로도 심각함을 알 수 있었다. 한달음에 병원으로 달려갔더니 수의사의 말은 충격적이었다. "들짐승에게 물린 흔적 같아요. 응급 수술이 필요합니다".

수술 후 회복까지의 시간은 길고 더디게 흘러갔다. 춘식이는 한동안 움직이지 못한 채 농막에 다시 갇혀 지냈다. 나는 하루에도 몇 번씩 그의 숨소리를 확인하며 지냈다. 이 일은 단지 한 마리 고양이의 생존을 넘어서, 인간과 동물의 경계 없이 나누는 정과 책임을 다시금 일깨우는 여름날의 사건이었다.

Chapter 12.

가을, 다시 나란히 걷는 시간

가을은 춘식이에게도 나에게도 특별한 계절이다.

텃밭에서 수확한 열무를 다듬을 때면, 춘식이는 내 옆에 조용히 앉아 있었다. 이젠 더 이상 어깨에 올라오지는 않았지만, 일을 하거나 농막에서 커피를 마시거나 책을 읽고 있으면 조용히 곁에 있었다. 서늘한 바람이 지나가는 날이면 둘은 볕 좋은 곳에 나란히 앉았다.

나는 느린 호흡으로 하루를 보내고, 춘식이는 풀벌레 소리를 따라 귀를 움직였다.

이 시간이 지나면 또다시 춘식이와 이별해야 할까 봐, 나는 괜스레 하루하루를 아껴 쓰듯 살았다. 함께 걷는 계절은 언제나 짧았다.

그래서 더 알차고, 더 깊이 바라보려 애썼다.

우리는 서로를 기다리지 않아도 이미 그 자리에 있다는걸, 가을 하늘 아래, 느릿한 걸음 속에서 서로에게 말없이 전할 수 있었다.

Chapter 13.

우리가 함께 만든 계절들

어느 날, 서아가 춘식이와 함께 웃는 모습을 바라보다가 문득 생각했다. 이 작은 농막 안에서 지나간 사계절이, 단지 고양이와 보낸 시간이 아니라 우리 가족 모두의 기억을 따뜻하게 덮어주는 시간이었구나.

 시간은 흐르고 계절은 철마다 옷을 바꿔입었지만, 마음에 새겨진 장면은 흐려지지 않았다.
 아이의 웃음, 고양이의 눈빛, 그리고 나의 침묵. 그 조합은 이상하리만큼 편안하고, 오래도록 곁에 둘 수 있는 풍경이었다.

서아가 춘식이를 보며 웃던 날, 나는 처음 춘식이를 안았던 순간을 떠올렸다. 그 존재는 천천히 마음속에 깃들었고, 이제는 아이의 마음에도 온기를 남기고 있었다.

　다친 날, 어깨 위의 무게, 눈 쌓인 길을 걸어오던 발자국. 사계절 동안 그 모든 기억이 쌓여 지금의 우리를 만들었다. 춘식이는 여전히 사람을 좋아하고, 싸움은 피하며, 문 앞에서 날 기다린다.

　말보다 먼저 닿는 따뜻한 눈빛, 가벼운 손길 속의 신뢰.
　그 봄날의 한 장면은 서아의 마음속 어딘가에도 포근한 무늬로 남아있을 것이다.

Chapter 14.

함께 머무는 여름

춘식이와 춘자

초록 사이 스며든 오후
그 아래 여름이 쉬고 있다
바람은 조용히
둘 사이를 스쳐가고
나는 그 휴식을
멀찍이서 바라보았다.

― 옥수수밭 그늘, 춘식이와 춘자의 오후

언제부터인가
낯선 고양이 한 마리가 찾아왔다.

 흰 바탕에 진회색 얼룩이 섞인 털,
 조심스럽게 다가오던 그 아이는
 어느 날부터인가 나무 그늘 아래,
 춘식이와 나란히 앉아 있었다.

 서로의 몸을 부딪치며 장난치는가 하면, 둘이 술래잡기라도 하듯 뛰어다니기도 해서, 처음엔 춘식이에게 여친이 생긴 줄 알았다.
 고양이들은 수컷끼리 서열 싸움도 하고 먹이를 가지고 싸우기도 해서
 흰 얼룩 고양이가 당연히 암컷인 줄 알았다.
 이웃들의 작명 릴레이가 시작되었다.

춘식이 여친이니 '춘자'라 부르는 게 좋겠다고 결론을 내리고, 그날부터 흰 얼룩 고양이는 '춘자'가 되었다.

알고 보니, 그 아이도 들고양이 무리에 섞여 중성화 수술을 받은 수컷이었다. 어디서 왔는지도 모른 채 나타나, 이제는 풍경처럼 자리를 잡은 고양이.

내가 춘식이 밥을 주러 갈 때면, 먼저 달려와 '야옹야옹' 밥을 재촉한다. 내가 없을 때는, 선반 위에 올려놓은 사료 그릇을 기어이 점프해 떨어뜨리곤, 사료 한 톨 남기지 않고 먹어 치우곤 한다.

그러고는 옥수수 밭, 그늘 아래에서 춘식이와 나란히 앉아 오수를 즐긴다. 가끔 학원 건물이 있는 폐가까지 산책을 가면 춘식이와 춘자가 졸졸 따라온다. 마치 소풍 가는 엄마 뒤를 따르는 아이들처럼.

이 여름, '춘식'이와 '춘자'는 그렇게 바람 부는 나무 아래에서 쉬고 있는 자연의 일부 인양, 나의 하루 속에 머물러 있다.

에필로그

계절이 다녀간 자리,
고양이라는 이름으로

고양이는 가르치지 않는다.

그저 곁에 있다가,

마음 깊은 곳에 들어와 자리를 만든다.

춘식이와의 사계절은 한 마리 고양이와의 시간이 아니라,

나를 다시 살게 한 시간이었다.

춘식이는 그렇게 내 삶에 스며들었다.
그의 존재는
때때로 말보다 더 많은 것을 남긴다.

텃밭을 함께 거닐고,
어깨 위에 올라와 내 하루를 함께 바라보며,
눈보라 치는 밤에도 묵묵히 내 온기를 기다리던 존재.

다투고, 다치고, 떠났다가 돌아오고,
내 손길을 묵묵히 받아주는 춘식이를 보며
나는 알게 되었다.

춘식이는 단순히 한 마리 고양이가 아니었다.
그는 사계절을 이끌고 온 시간,
고요한 사랑의 형체,
그리고 내가 나 자신으로 돌아올 수 있도록 해준 거울이었다.

너는 사계절이었다

봄처럼 다가오고

여름처럼 함께 걷고

가을처럼 스며들고

겨울처럼 기다리게 한

나의 고양이

나의 사계절

춘식이의 눈빛

말은 없지만

모든 걸 알고 있다는 듯

나를 바라보던 너

고요한 눈빛 하나로

하루를 건너게 해주던 존재

그렇게 함께 걷고 머무는 동안
나는 비로소 알아차렸다.
사랑은 늘 말없이 다가오고,
이별은 준비 없이 찾아오며,
기억은 그렇게 몸을 감추고도 곁에 머문다는 것을.
이제는 춘식이가 나를 기다리는 것이 아니라
춘식이가 내 안에 머물고 있다는 것을 안다.

눈 오는 날,
창밖의 춘식이

하얀 침묵이 쌓이는 오후

창밖의 너는
창 안의 나를
조용히 불러내곤 했다.

다시 봄이 오고, 여름이 피고, 가을이 저물고, 겨울이 쌓일 때마다,
그 계절마다 너의 발자국이 선명하게 떠오를 것이다.
그러니 나는 더 이상 슬프지 않다.
왜냐하면 너는,
내가 살아가는 계절의 한가운데,
언제나 조용히 머물고 있으니까.

너는 떠난 적이 없다.
계절이 바뀔 때마다
내 마음 어귀에
조용히, 다시 피는 존재.
춘식이가 온 지도 벌써 4년, 앞으로의 사계절도 함께 하겠지만,
첫 사계절은 내 삶에서 가장 특별한 시간으로 남을 것이다.
이 이야기를 당신에게 남긴다.

추천의 글

춘식이와 슬기로운 사람 사이에서

봄아 이종덕

 춘식이를 만나면서 불현 듯 인간의 삶에 대해, 혹은 존재의 의미에 대해 다시 생각해보게 되는 것은 의외였다. 그의 행동이나 태도, 유유자적하면서도 곰살궂게 대하는 지인들에 대한 일상의 공유를 발견하게 되면서이다. 이 에세이집을 마주하면서 기욤 뮈소의 『당신, 거기 있어 줄래요?』라거나 피에르 쌍소의 『느리게 산다는 것의 의미』와 같은 삶의 방식에 대한 근원적 질문을 맞이하게 되는 것은, '진짜 삶이 무엇인가'에 대한 현대인의 존재에 대한 자연의 물음이다.
 피에르 쌍소는 느리게 사는 삶을 받아들이는 삶의 자세에 대해 이야기하고 있다. 한가로이 거닐며 자기만의 시간을 가지는 일, 다른 존재의 목소리에 귀 기울이는 일, 어떤 대상이 무의미하게 느껴질 때까지 끊임없이 받아들이고 음미하는 일, 자신의 일상을 새롭게 하는 공상의 시간을 가지는 일까지 말이다. 세

상을 넉넉히 받아들이며, 길고 긴 인생길에서 '자기 스스로 자아를 잃지 않는 능력을 키워나가는 것'이 중요하다고 설파하고 있다. 우리가 춘식이를 만나는 일상처럼 말이다.

'나는 누구인가, 여기는 어디인가'를 따질 때 가끔 '사피엔스'라는 이름을 되뇌어 볼 때가 있다. 사람 혹은 호모 사피엔스(Homo sapiens)로 불리는 현생인류. '사피엔스'라는 이름은 "슬기로운 사람"이란 뜻의 라틴어식 이름이다. 1758년에 식물학 시조로 손꼽히는 스웨덴의 식물학자 칼 폰 린네(Carl von Linné, 1707~1778)가 작명했다. 슬기로운 사람? 나는 이 대학자가 '사피엔스'라는 이름을 잘못 선택한 게 아닌가 하는 생각을 종종 하곤 한다. 우리는 과연 그러한 이름으로 불리기에 적당한 존재일까? 다시금 곱씹어봐야 할 이름이다.

'사피엔스'라는 명칭은 고작 250년 내외이고, 도구의 인간이 문명의 문을 열었다고 자부하는 구석기시대를 거슬러 올라간

다고 해도 50만 년 전 내외로 꼽는다. 그렇다면 우리 지구의 나이는 그것과 비슷할까? 다들 아시겠지만 대략 46억 년 전으로 추산한다. 그 수십억 년의 세월을 쌓아올린 지구라는 별에는 대략 150만 종에서 1억 종의 생명체가 산다. 인간 종은 사실 그 중의 n분의 1이면서, 그것도 가장 늦게 생겨난 생물 종에 불과한 존재임에도 지구별의 주인 행세를 한다. 이 존재의 아이러니를 어찌해야 할까?

현생인류와 분류학상 가장 가까운 종으로 꼽히는 침팬지 중에 보노보라는 종이 있다. 이 특별한 종은 부족사회를 이루고 살며, 누가 아프게 되면 간병해 주고, 먹을 것을 대신 구해다가 씹어서 먹여주거나, 서로 안아주고 예뻐해 주는 모습도 보인다. 이웃을 거들떠보지도 않아 죽은 지 6개월 만에 발견되는 현대인의 병폐로 비교해 봤을 때, 만물의 영장이라 자부하는 우리 인간 종보다 훨씬 나은 삶을 살고 있는 것이다. 세계적 지성으로 손꼽히는 유발 하라리(Yuval Noah Harari) 교수는 그의 저서 『사피엔스』에서 좀 더 나은 삶을 위한 성찰의 일환으로 인간종이 지구별에 가장 늦게 출현했으면서 주인인 척 행세한다고 꼬집고 있다.

 근·현대인의 삶에 영향을 끼친, 생태적인 삶을 일군 지구별의 지성인 계보를 따지고 보면 백인들의 환경파괴를 비판한 '시애틀 추장의 편지'로 유명한 시애틀 추장(Chief Seattle, 1786~1866), 콩코드 호수의 오두막에서 자연의 섭리를 『월든』이라고 하는 저술로 설파한 헨리 데이빗 소로우(Henry David Thoreau, 1817~1862), 스스로 물레질을 하며 민족자족운동이자 인간 본연의 삶을 주창하여, 인도의 시성(詩聖) 타고르로부터 '위대한 영혼 마하트마'라는 별칭을 얻은 간디(Mohandas Karamchand Gandhi, 1869~1948), 독립운동가로 '님의 심묵'이라는 시를 통해 또 다른 자연주의를 설파한 만해 한용운(韓龍雲, 1879~1944), 무소유를 실천한 법정스님(1932~2010), 바보 추기경으로 평화주의를 주창한 김수환 추기경(1922~2009)까지 모두 그런 삶의 지향점과 신념을 **실천**한 지성인이었다.

 그들의 삶에 비춰 봤을 때, 아니 그들이 몸소 실천하기도 했던 콩코드 호숫가 오두막에서의 2년, 물레로 직접 실을 만들어 옷을 지어 입던 삶, 한겨울에도 얼음장 물로 세면을 하며, 산속의 오두막집에 작은 의자 하나를 벗 삼아 보냈던 사계절. 그런 삶들이 지향하는 가치로 춘식이의 농막을 권했던 것이다. 우리는 가장 고도화된 문명사회를 살고 있는 것 같지만, 지구별의 하루 이틀 몸살로 폭우나 태풍, 가뭄, 산불이 발생하면 속수무책이 되고 만다. 지구는 지구별에 사는 모든 생물종에 관대하지만, 지구별 자체를 곤혹스럽게 하는 존재에 대해서는 냉혹하다. 때론 지진으로, 때론 태풍이나 홍수로, 때로는 거대한 화산폭발이나 산불로 응징한다. 자연스러운 현상인 듯하지만, 사실은 인간종이 지나치게 난개발해 산림을 황폐화 시켰다거나, 미사일실험이나 전쟁 등으로 지진 판을 건드린다거나, 하천을 막거나 산을 들어내는 것과 같은 지구별에 심각한 위협이 되는 행위를 자행한 결과로 재난에 맞닥뜨리게 되는 것이다. 우리는 그러지 않았다고 할지 모르겠지만 동해안 작은 도시에서의 나비의 팔랑임이 바다 건너 캘리포니아의 허리케인을 불러올 수 있다는 과학자의 논거처럼 지구인은 누구의 해코지인지도 모를 횡포에 시달리고 있는 셈이다.

그런 의미를 되새겨보며, 한반도 남쪽 나라의 가장 높은 도시 태백에서, 춘식이와의 사계절을 다시 들여다본다. 어쩌면 우리는 오두막에서의 하루와 같은 삶이 너무 멀리 있다거나, 혹은 대단한 선지자만이 누릴 수 있는 특별함이라는 고착화된 인식의 틀이 있다. 그것을 우리 이웃의 경지로, 비교적 가까이 인도해 준 시인이 김채영 선생이다. 자연의 나라에 사는 사람이지만, 도시의 문명과 사연 사이의 직딩한 경계를 분명 중시하는 경향도 있을 것이다. 그 문명과 자연 사이에 춘식이가 산다. 어쩌면 잊고 살았던 중간 매개의 자연 지킴이가 그일 것이다. 마치 산을 파헤치려다가 도롱뇽이 산다는 이유로 그 산을 돌아 길을 내게 되는 이야기와 같다. 춘식이는 처음 가족을 받아들이는데 시간을 필요로 했듯이, 이웃과의 관계를 넓혀 가는데 있어서도 상당한 인내의 계절을 궁굴린다. 그리고 마침내 그의 또 다른 반려 친구까지 찾아낸다. 그와 함께 하는 사계절은 아이도, 어른도, 함께 성장하는 녹색의 식물들도 생각의 크기가 커 가듯이 같이 자랐다. 그리고 그 안에서 삶의 무게로부터의 자유, 관계의 무거움으로부터의 자유까지 차례로 찾아가고 있는 것이다. 춘식이와 함께한 계절은 '생각한다. 고로 존재한다.'가 아니라 '존재하는 모든 것에는 그 나름의 이유가 있다.'는 것을 증명하고 있는 것이다. 우리가 이름 모를 풀꽃이라거나 말 못하는 짐승이라 치환해 버렸던 것을 조금만 자세히 들여다보면 비로소 보이는 것들이 넘쳐나는 법이다. 춘식이를 통해 농막 주변의 사람들과 만나고, 주변의 동물들과 만나고, 그렇게 주변의 풀꽃들과 마주한다. 춘식이는 그렇게 개나리와 벚꽃과 산목련이 함께 피는 봄을 만났을 것이고, 오월에 내리는 태백의 눈도 만났을 것이다. 다시 여름날의 물봉선화를 농막 가까이 개천 들머리에서 마주했을 것이고, 그 꽃그늘에서 고양이 친구를 만나 아름다운 꽃비를 맞으며 행복한 한 때를 야옹했을 터이다.

 어느 날 농막 위에 올라 '밀알 한 알 속에도 우주가 숨어있다'고 했듯이, 백두대간의 자연을 관조하는 법을 스스로 터득해 만끽하며, '다시 천고의 뒤에 백마 타고 오는 초인'을 기다리는 마음으로 다음날을 내다보기도 하는 면모를 보인다. 그는 우리의 훌륭한 선생이자 친구이며, 가족이자 자연과의 징검다리이기도 하다. 아, 이 오래된 미래의 행복을 어찌할 것인가? 덕분에 행복 겨운 사람들. 나는 이 훌륭한 춘식이와 슬기로운 사람 사이에 아름다운 징검다리가 더 많이 놓이길 고대하겠다. 그리고 그것이 더 멀리, 더 많이 퍼져나가 자연에 가까이 사는 많은 동네의 지혜마을 이야기로 늘어나기를 바란다. 언제나 그대가 선생이다.